BEI GRIN MACHT SICH IHR WISSEN BEZAHLT

- Wir veröffentlichen Ihre Hausarbeit,
  Bachelor- und Masterarbeit

- Ihr eigenes eBook und Buch -
  weltweit in allen wichtigen Shops

- Verdienen Sie an jedem Verkauf

Jetzt bei www.GRIN.com hochladen
und kostenlos publizieren

Anna Jäger

Die Erklärungslücke

Nagel - Jackson - Levine

GRIN Verlag

Bibliografische Information der Deutschen Nationalbibliothek:

Die Deutsche Bibliothek verzeichnet diese Publikation in der Deutschen National-
bibliografie; detaillierte bibliografische Daten sind im Internet über http://dnb.d-
nb.de/ abrufbar.

Impressum:

Copyright © 2007 GRIN Verlag GmbH
Druck und Bindung: Books on Demand GmbH, Norderstedt Germany
ISBN: 978-3-640-27514-4

Dieses Buch bei GRIN:

http://www.grin.com/de/e-book/122317/die-erklaerungsluecke

GRIN - Your knowledge has value

Der GRIN Verlag publiziert seit 1998 wissenschaftliche Arbeiten von Studenten, Hochschullehrern und anderen Akademikern als eBook und gedrucktes Buch. Die Verlagswebsite www.grin.com ist die ideale Plattform zur Veröffentlichung von Hausarbeiten, Abschlussarbeiten, wissenschaftlichen Aufsätzen, Dissertationen und Fachbüchern.

Besuchen Sie uns im Internet:

http://www.grin.com/

http://www.facebook.com/grincom

http://www.twitter.com/grin_com

Freie Universität Berlin
Institut für Philosophie
WS 2006/07
Proseminar: Philosophie des Geistes
Abgabe: 15.05.2007

Die Erklärungslücke

Nagel – Jackson – Levine

Vorgelegt von Anna Jäger

Inhaltsverzeichnis

1. Einleitung

Die Wendung von der Erklärungslücke (*explanatory gap*) wurde zwar 1983 von Joseph Levine in seinem Aufsatz „Materialism and Qualia: The Explanatory Gap" geprägt, doch ist die Problematik keine neuartige. Der Frage, wie es möglich sein kann, aus neuronalen, also funktionalen Zuständen zu verstehen, wie es ist, subjektive phänomenale Zustände zu erleben, gingen bereits vor Levine verschiedene Philosophen nach. Vertreter der These von der Erklärungslücke halten es für unplausibel, dass phänomenales Erleben ausgehend von neuronalen Prozessen erklärt werden kann. In dieser Ausarbeitung sollen verschiedene Argumente zur Erklärungslücke beleuchtet werden, die sich der epistemischen Frage annähern, wie sich physikalisches Wissen beispielsweise der Neurowissenschaften und das Wissen beziehungsweise unsere Vorstellungen über phänomenales Bewusstsein zueinander verhalten.

Besondere Beachtung werden im Folgenden drei Argumente finden: Zunächst betrachte ich Thomas Nagels „What is it like to be a bat"-Argument, das Argument des unvollständigen Wissens und das der Epiphänomene von Frank Jackson. Beide Philosophen vertreten den Standpunkt, dass physikalische Fakten nicht ausreichen zur Erklärung phänomenalen Erlebens.

Joseph Levines „Erklärungslücken"-Argument verweist eher auf einen epistemologischen Zusammenhang. Levine hält es aufgrund der Beschränkungen unseres Erkenntnisvermögens prinzipiell für unmöglich, dass wir die genannte Erklärung jemals verstehen können.

Die Argumente sollen zunächst dargestellt, kritisch reflektiert und dann zu einer Aussicht hin entwickelt werden. Ich möchte betonen, dass mir durchaus bewusst ist, dass ich der umfangreichen Thematik nicht gerecht werden kann. Das liegt zum einen an der Materialfülle und dem begrenzten Ausmaß dieser Arbeit, zum anderen aber auch an den erheblichen Implikationen der zahlreichen Argumente und Gegenargumente für verschiedene Disziplinen und Fragestellungen. Ich werde also meinen Fokus auf die bekanntesten Argumente richten und diese miteinander in Beziehung stellen.

2. Thomas Nagel: „What it is like to be a bat"

In diesem 1974 erschienen, richtungweisenden Artikel versucht Nagel einem reduktionistischen Physikalismus in Bezug auf phänomenales Bewusstsein entgegen zutreten, in dem er den Unterschied zwischen phänomenalem und physikalischem Wissen herausarbeitet[1]. Am Beispiel der Unmöglichkeit, sich vorstellen zu können, wie es ist, eine Fledermaus zu sein[2], zeigt Nagel auf, dass der Physikalismus nicht ausreicht, um mentale Phänome zu erklären. Das Argument entwickelt sich wie folgt: Zunächst stellt Nagel fest, dass sich der Charakter phänomenaler Zustände dadurch auszeichnet, dass es irgendwie ist, in diesem Zustand zu sein. Mentale Zustände weisen also einen Erlebnischarakter auf, der zudem grundsätzlich an eine subjektive Innenperspektive geknüpft ist. Das Wissen, wie es ist, in einem bestimmten Zustand zu sein, versteht Nagel als ein Wissen von Fakten. Im Gegensatz zum subjektiven Standpunkt phänomenalen Erlebens lässt sich physikalisches Wissen als objektiv bezeichnen, es kann also von verschiedenen Standpunkten aus betrachtet werden. Dies führt zu der Konklusion, dass sich geistige Phänome aufgrund ihres essentiell subjektiven Charakters nicht mittels funktionaler und somit reduktiver Theorien erfassen lassen. Die Unvereinbarkeit der Perspektiven der ersten und der dritten Person erzeugt eine Kluft, die Nagel zwar nicht Erklärungslücke nennt, aber als „logically unbridgeable"[3] definiert.

Nagels Argument fußt auf dem Beispiel des Bewusstseins von Fledermäusen. Da sich unsere Sinneswahrnehmung grundlegend von der der Fledermaus unterscheidet, geht Nagel davon aus, dass dieser Unterschied auch im phänomenalen Erleben zu finden ist. Daher stellt sich die Frage, ob es für Menschen überhaupt vorstellbar ist, eine Fledermaus zu sein. Selbst wenn wir uns Mühe geben, unsere Erfahrungen auf die der Fledermaus zu übertragen, werden wir nicht lernen, wie es für eine Fledermaus ist, eine Fledermaus zu sein, sondern im besten Fallen erleben, wie es für uns selber ist, (wie) eine Fledermaus zu sein, da unsere menschliche Perspektive bestehen bleibt. Dasselbe gilt, auch wenn sich eine Person allmählich in eine Fledermaus verwandeln würde. Erst wenn sie vollständig zu einer solchen geworden wäre, wüsste sie, wie es ist, eine Fledermaus zu sein. Wie ließe sich nun laut Nagel

---

[1] Der Aufsatz erschien in einer wissenschaftlichen und philosophischen Phase, in der durch die erstaunlichen Fortschritte in den Kognitionswissenschaften ein zunehmender Reduktionismus festzustellen war.
[2] Wir können uns nämlich lediglich vorstellen, wie es für *uns* ist, eine Fledermaus zu sein, aber nicht, wie es für die Fledermaus ist, eine solche zu sein.
[3] Nagel, 1979, S. 189.

die genannte Kluft in den Erklärungsversuchen von mentalen Zuständen mittels des Physikalismus schließen? Zunächst einmal behauptet Nagel weder, dass es generell unmöglich sei, subjektive, mentale Zustände mit objektiven, naturwissenschaftlichen Theorien und Methoden zu erklären, noch erklärt er den Physikalismus für falsch. Eine monistische Position wäre also weiterhin prinzipiell möglich, wenn auch unverstanden. Nagel sieht lediglich momentan kein geeignetes Konzept, wie eine physikalische Reduktion möglich sein könnte. Wir können uns nicht einmal vorstellen wie eine objektive Methode aussehen könnte, die subjektives Erleben erklären kann, weil wir auch nicht genau definieren können, was sie damit erklären soll.

Nagel fordert, weiter an dieser Frage zu arbeiten, neue Begriffe für phänomenale Zustände zu entwickeln und dabei eine „objektive Phänomenologie"[4] zu entwerfen, die dann als Basis dienen kann, aus der man phänomenale Zustände herleiten und erklären kann. Durch die Zunahme von Objektivität ließen sich die Zusammenhänge von Mentalem und Physikalischem deutlicher erkennen. Diese optimistische Forderung scheint, als fordere Nagel etwas, dass er zuvor für unmöglich erklärt hat. Die Kritik an Nagels Argumentation lässt sich an verschiedenen Punkten festmachen. Sein Argument unter anderem dahingehend angreifbar, dass der entworfene Kontrast zwischen der Objektivität der Naturwissenschaften und der Subjektivität des phänomenalen Erlebens zu streng gezeichnet wird. Denn einerseits können auch Naturwissenschaften perspektivisch ausgelegt sein, andererseits lassen sich in Bezug auf die Darstellbarkeit von Vorgängen des phänomenalen Bewusstseins durch naturwissenschaftliche Methoden zunehmend Fortschritte erkennen.[5]

3. Frank Jackson

[4] Nagel 2006, S. 76.
[5] z.B. auf dem Gebiet der Emotionspsychologie, vgl. Pauen 2001, S.178.

3.1 Das Argument des unvollständigen Wissens

Auch das Argument des unvollständigen Wissens (oder Knowledge-Argument) stellt den Physikalismus in Frage, da Jackson wie Nagel eine alles umfassende Erklärbarkeit phänomenalen Bewusstseins durch naturwissenschaftliche Theorien anzweifelt.

Zur Unterstützung seiner These führt Jackson zwei Gedankenexperimente an, in denen er mittels Intuitionen zu zeigen versucht, dass unsere Wahrnehmungen und der mit ihnen verbundene qualitative Erlebnisgehalt sich nicht auf physikalische Prozesse reduzieren lassen. Denn da der Physikalismus laut Jackson behauptet, dass alle Tatsachen physikalische Tatsachen sind, müssen sich nur nicht-physikalische Tatsachen finden, um zu beweisen, dass der Physikalismus falsch ist.

a) Farbtalent Fred

Jackson stellt uns Fred vor, der die besondere Begabung aufweist, Farben besser und genauer diskriminieren zu können als Normalsehende. Doch auch wenn wir alle physikalischen Informationen über Freds Wahrnehmung gesammelt haben, können wir nicht verstehen, wie es ist, diese Begabung zu haben. Es gibt also nach Jackson Informationen (und Jackson versteht die mentalen Zustände, Farben exakter unterscheiden zu können, als Informationen), die sich nicht durch den Physikalismus greifen lassen, weshalb dieser falsch sein muss.

b) Wissenschaftsgenie Mary

Ein weiteres Gedankenspiel zeigt uns Mary, eine Expertin auf dem Gebiet der Farbwahrnehmung, die alles physikalische Wissen über die Physiologie der Farbwahrnehmung aufweist. Allerdings lebt sie von Geburt an in einer ausschließlich schwarz-weißen Umgebung, so dass sie selber noch keine Wahrnehmung von Farben erlebt hat, sie sieht die Welt nur in Grauschattierungen zwischen Schwarz und Weiß. Jackson behauptet nun intuitiv, dass Mary bei einer Freilassung in die bunte, farbige Außenwelt neue Informationen über die Farbwahrnehmung dazu gewinnt. Sie lernt also etwas Neues, wenn sie erlebt, wie es überhaupt ist, Farben zu sehen. Demnach gibt es nicht-physikalische Informationen über Farbwahrnehmung, das physikalische Wissen ist unvollständig und der Physikalismus damit falsch.

Die meisten Kritiken[6] zu diesem Argument beschäftigen sich mit der Frage, was es ist, das Mary eigentlich lernt. Viele Kritiker bestreiten nicht, dass Mary etwas Neues dazu lernt. Einige bezweifeln allerdings, dass Mary eine neue *Tatsache* lernt. Sie schlagen vor, dass sie eine neue mentale *Fähigkeit* lernt, also ein „Wissen-wie" statt eines „Wissen-dass", da zu wissen, wie es ist, in einem Zustand zu sein, eher dem entspricht, zu wissen wie etwas zu tun ist, als zu wissen, dass etwas ist.[7]

Andere, wie Paul Churchland oder Michael Tye, die ebenfalls eingestehen, dass Mary etwas Neues lernt, sind der Überzeugung, dass Mary vielmehr einen neuen *Zugang* zu einer ihr schon bekannten Tatsache gewinnt als dass sie eine völlig neue Tatsache lernt. Dieser Vorschlag verweist erneut auf den perspektivischen Charakter phänomenaler Zustände, wie wir ihn schon bei Nagel kennen gelernt haben. Beckermann führt wiederum gegen den Einwand des Zugangs an, dass ein neuer Zugang mit einem neuen Begriff verbunden sein müsste, da die Bezeichnungen für qualitative Farbeindrücke ja für Mary auch einen neuen Sinn erhalten. Das würde nun bedeuten, dass Mary doch eine neue Tatsache dazu gelernt hat, deren Existenz sie zuvor nicht einmal ahnen konnte.[8]

Eine weitere Gruppe von Kritikern unterstützt Jacksons Prämisse, dass Mary eine neue Tatsache lernt, streitet aber ab, dass damit eine Infragestellung des Physikalismus gerechtfertigt ist. Diese Kritiker[9] klammern Sinne und Sinneseindrücke aus der physikalischen Welt aus. Der neue Sinn aus den phänomenalen Farbeindrücken, die Mary also erstmals erlebt, ist für diese Kritiker beziehungsweise für die Vertreter des Physikalismus grundverschieden von den Sinnen, die mit den Begriffen physikalischer Eigenschaften verbunden sind.

3.2 Epiphänomenalismus

Aus der gefolgerten Falschheit des Physikalismus zieht Jackson in Anlehnung an das Knowledge-Argument den Schluss, dass phänomenale Eigenschaften kausal unwirksame Begleiterscheinungen von mentalen Zuständen darstellen. Es spielt also keine Rolle, ob sie da sind oder nicht. Qualia versteht Jackson also als Nebenprodukt der Evolution. Dass Qualia keine kausale Rolle innehalten, scheint allerdings unplausibel und kontraintuitiv, da wir alltagspsychologisch sehr wohl davon

---

[6] Vgl. zur Kritik am Mary-Argument: Beckermann 2001, S. 391-403.
[7] Als Vertreter dieser Position sind Lawrence Nemirow und David Lewis zu nennen.
[8] Beckermann 2001, S. 398.
[9] Stellvertretend sei hier William Lycan genannt.

ausgehen, dass mentale Zustände physische Handlungen hervorrufen können. So bewirkt die Angst beispielsweise, dass wir bei Gefahr fliehen oder Schmerzen hindern uns daran, uns gesundheits- oder lebensgefährdend zu verhalten. Epiphänomenalisten gehen davon aus, dass diese Handlungen von physischen Prozessen verursacht werden.

Unplausibel bleibt ebenfalls, wie wir überhaupt von diesen mentalen Zuständen wissen könnten, wenn sie kausal unwirksam bleiben. Ich halte diesen Einwand in seiner Konsequenz für sehr stark, da nicht nur unklar ist, warum und wie wir von unseren mentalen Zuständen erfahren, sondern es auch nicht einleuchtend ist, wie jene eine so große Rolle in unserem alltäglichen Verstehen und Handeln einnehmen können, wenn sie keine erkennbaren kausalen Wechselwirkungen aufweisen.

4. Joseph Levine: Die Erklärungslücke

Joseph Levine sieht ebenfalls Schwierigkeiten darin, subjektives phänomenales Erleben aus naturwissenschaftlichen Theorien herzuleiten. Sein epistemisches Argument der explanatorischen Lücke zwischen wissenschaftlichen und alltagspsychologischen Theorien ist in der Annahme begründet, dass der Materialismus keine umfassende Erklärung für das phänomenale Bewusstsein liefern kann.

Levine manifestiert das Problem vor allem in Identitätsaussagen über mentale Zustände. Dazu betrachtet er Kripkes ontologisches Argument der Notwendigkeit von Identitäten auf der epistemologischen Ebene. Beim Problem der Erklärbarkeit durch Identitätsaussagen lässt sich ein Unterschied zwischen alltagspsychologischen und wissenschaftlichen Phänomenen feststellen. Deutlich wird dies durch das Beispiel der Beziehung von H_2O und Wasser, bei der die Übersetzung von einer Erklärungsebene in die andere gelingt. Das zeigt sich deutlich an der Übertragbarkeit von Erklärungen. Wenn Wasser in einer Identitätsbeziehung zu H_2O steht, dann gelten Erklärungen für Wasser ebenso, wie sie für H_2O gelten, da es sich um dieselbe Substanz handelt. Ein weiteres Beispiel nennt Levine mit der Aussage, dass Hitze identisch ist mit der Bewegung von Molekülen. Diese Erklärung ist vollständig explanatorisch, weil die kausale Rolle von Hitze durch die Bewegung von Molekülen ausreichend geklärt wird.

Das kann nicht bei einer Identitätsaussage von mentalen Zuständen und physiologischen Prozessen gelten, wie folgendes Beispiel zeigt: Die Aussage „Schmerz ist identisch mit der Reizung von C-Fasern" ist nicht vollständig explanatorisch, da sich phänomenale Zustände nicht nur durch eine bestimmte kausale Rolle und die damit verbundenen Verhaltensdispositionen auszeichnen, sondern es sich zudem auf eine bestimmte Weise anfühlt, diese Zuständen zu erleben. Dieser spezielle Erlebnischarakter lässt sich neurologisch nicht erklären oder begründen. Es bleibt unverstanden, warum bestimmte neuronale Zustände oder Prozesse mit entsprechenden phänomenalen Erlebnissen verbunden sein sollen. Der qualitative Aspekt der Qualia bleibt also unklar. Daher können phänomenale Zustände nach Levine nicht auf Gehirnzustände reduziert werden. Das führt zu dem Schluss, dass psychophysische Identitätsaussagen epistemisch unzureichend sind. Es existiert also eine Erklärungslücke zwischen den funktionalen Beschreibungen von Bewusstseinszuständen und deren qualitativen Erlebnisinhalten.

Zur Untersuchung, warum diese Schwierigkeiten der Erklärungsversuche hier bestehen, bietet es sich an, einmal genauer zu betrachten, wie wissenschaftliche Erklärungen von Alltagsphänomenen im Allgemeinen funktionieren. Wie wir schon gesehen haben, sind Kausalwirkungen dabei von zentralem Interesse. Nachdem die kausalen Wirkzusammenhänge erkannt wurden, lassen sich naturwissenschaftliche Entsprechungen des Alltagsphänomens erarbeiten. Durch die Übersetzung in eine kausale Rolle erhält man eine Beschreibung, die sowohl alltagspsychologisch als auch wissenschaftlich zugänglich ist.

Nun ist es fraglich, warum diese Methode nicht auch bei der Erklärung phänomenaler Zustände geeignet ist. Zunächst einmal stellen Vertreter der Erklärungslücke fest, dass phänomenale Zustände nicht auf Kausalzusammenhänge reduzierbar sind. Dazu Levine:

> „In dem Maße also, in dem unser Begriff des qualitativen Gehaltes ein Element enthält, das nicht durch die Merkmale seiner kausalen Rolle erfasst wird, in diesem Maße wird es dem explanatorischen Netz einer physikalischen Reduktion entgehen."[10]

---

[10] Levine, Zit. in: Pauen 2001, S.195.

Das wesentliche, also das, was wir eigentlich meinen, wenn wir von mentalen Zuständen sprechen, wird bei der Reduktion auf Wirkursachen ausgelassen. Das bedeutet also, dass sich das Charakteristische der Qualia einer Übersetzung durch die genannte physikalische Methode entzieht.

Levine gibt keinen Ausweg aus dem entstehenden Dilemma an. Wir wissen heute noch nicht, wie man eine solche Reduzierbarkeit nachweisen könnte. Levine vertritt die Meinung, dass es prinzipiell unmöglich ist und bleiben wird.

Dennoch, obwohl aus seiner Argumentation ein unüberwindbar scheinendes Problem für naturwissenschaftliche Erklärungen des subjektiven, mentalen Erlebens folgt, genügen diese Argumente für ihn nicht aus, um den Materialismus in Frage zu stellen. Die Probleme liegen für Levine in den begrenzten epistemischen Möglichkeiten, die nicht hinreichend für metaphysische Möglichkeiten und damit für ontologische Schlussfolgerungen sind. Es ist umstritten, ob die „Erklärungslücke nicht auch eine ontologische Implikation hat und somit einen metaphysischen Dualismus nach sich zieht"[11].

Patricia Churchland übt eine starke Kritik an den Konsequenzen des Erklärungslücken-Arguments und an anderen antiphysikalischen „Theorien" des Bewusstseins. Sie hält es für einen üblichen Mechanismus intuitiver Annahmen, die zum normalen Verlauf der wissenschaftlichen Entwicklung gehören. So lange es keinen Anhaltspunkt für die Erklärung eines Prozesses gibt, wird die Erklärung generell für unmöglich erklärt. Sie nennt dieses das Argument der Ignoranz, das sie scharf verurteilt. Denn die Tatsache, dass wir heute weder in der Lage sind, uns die Entstehung von Bewusstsein vorzustellen, noch es erklären können, sagt nichts über das Bewusstsein selbst aus.[12] Patricia Churchland hält es durchaus für möglich, dass mentale Zustände naturwissenschaftlich erklärbar sind. Vielmehr noch geht sie davon aus, dass man in der Zukunft die Feststellung machen wird, dass es mentale Zustände gar nicht gibt, sondern dass diese eigentlich auch nur neuronale sind.

Aber ist eine solche in die Zukunft weisende Prognose nicht auch eine Intuition? Vielleicht lässt sich diese stärker vertreten als die entgegen gesetzten Intuitionen, da man sich auf die Erfolge in den Neuro- und Kognitionswissenschaften berufen kann. Bislang halte ich es für ebenso möglich wie unmöglich, dass wir nie zu der

---

[11] Esfeld 2004.
[12] Churchland, Patricia. 2005.

gewünschten Erklärung gelangen können. Alle definitiven Aussagen sind reine Spekulation.[13]

Das Ignoranz-Argument greift nicht ganz, denn Vertreter der Erklärunglücke berufen sich nicht auf die eigene Unwissenheit oder das Versagen der bisherigen Forschung. Genauso wenig halten sie es für unmöglich, dass die Neuro- und Kognitionswissenschaften bedeutende und weit reichende Erkenntnisfortschritte machen werden. Sie verteidigen jedoch ihre intuitiven Vorbehalte gegenüber der vollständigen Erklärbarkeit mentaler Prozesse mittels der Naturwissenschaften, da sie einen grundsätzlichen Unterschied zwischen physischen Entitäten wie Wasser oder Wärme und mentalen Prozessen postulieren. Sie sehen keine naturwissenschaftliche Methode, die nicht an mentalen Prozessen scheitern würde. Ein einfacher Hinweis auf den Fortschritt in den Wissenschaften kann gar nicht greifen, da dieser ja nicht in Frage gestellt wird.

5. Kann die Erklärungslücke geschlossen werden?

Betrachten wir zwei Strategien von Physikalisten, den Intuitionen der Qualia-Verfechter zu begegnen. Sowohl der Repräsentationalismus als auch der Eliminative Materialismus lehnt unsere bisherige Vorstellung von mentalen Zuständen ab. Grundlage, Reichweite und Konsequenzen beider Positionen unterscheiden sich allerdings maßgeblich.

5.1 Repräsentationalismus

Die Position des Repräsentationalismus, wie er beispielsweise von Michael Tye vertreten wird, stützt sich auf die beiden Annahmen, dass phänomenale Zustände keine Zustände eigener Art sind, sondern nur eine Teilklasse der Gruppe der repräsentationalen Zustände darstellen. Weiter folgt, dass sich die Erlebnisqualität phänomenaler Zustände als eine bestimmte Art von intentionalem Inhalt beschreiben lässt. Tye erläutert dies anhand der Notwendigkeit für Lebewesen, Informationen aus

---

[13] Was nicht bedeuten soll, dass sie damit obsolet seien. Es ist weiterhin sinnvoll, philosophische Theorien auf dem Gebiet der Bewusstseins-Forschung aufzustellen. Ich möchte nur betonen, dass gerade in dieser Disziplin die Annahme einer vermeintlichen Evidenz in den Argumenten besteht, da man sich in der Nähe der Naturwissenschaften wähnt. Es muss immer deutlich sein, dass alle hier genannten und nicht genannten Theorien mit einer Vielzahl an kritischen Gegenargumenten versehen wurden.

der Umwelt zu sammeln. Die Signale der Sinnesorgane werden dann in einem System der sensorischen Repräsentationen weiter verarbeitet, wo sie dem System der kognitiven Repräsentationen zu Verfügung stehen. Die sensorischen Repräsentationen sind dadurch gekennzeichnet, dass sie abstrakt und nichtbegrifflich sind und zur Weiterverarbeitung durch das kognitive System bereitstehen. Diese Eigenschaften treffen laut Tye auch auf phänomenale Zustände zu, die er mit sensorischen Repräsentationen gleichsetzt (wodurch Qualia zu Inhalten sensorischer Repräsentationen werden). Diese These finden wir in Tyes „PANIC-Theorie". Das Akronym setzt sich zusammen aus den genannten Eigenschaften sensorischer Repräsentationen, die sich durch ihren verfügbaren, abstrakten, nichtbegrifflichen, intentionalen Gehalt auszeichnen (**P**oised **A**bstract **N**onconceptual **I**ntentional **C**ontent)[14].

Auf den ersten Blick scheint diese Position eine „handlichere" These anzubieten, mit der es sich „einfacher" arbeiten lässt, da phänomenale Zustände in ein physikalisches Weltbild eingegliedert werden können. Das Problem der Erklärungslücke ergibt sich also gar nicht.

Beckermann sieht ein unterstützendes Argument für den Repräsentationalismus darin begründet, dass phänomenale Zustände selber einen repräsentationalen Charakter auszuweisen scheinen, wie sich am Beispiel der Repräsentation visueller Wahrnehmung verdeutlichen lässt. Hinzu kommt, dass phänomenale Zustände *transparent* abzulaufen scheinen. Wir reflektieren nicht den qualitativen Erlebnisgehalt unserer mentalen Zustände. So erkennen wir zum Beispiel bei der Wahrnehmung Attribute als Eigenschaften des wahrgenommenen Objekts und nicht als Eigenschaften unserer Wahrnehmung.

Die Kritik an der repräsentationalistischen Position kann hier aus Platzgründen nur knapp ausfallen, wenn auch klar ist, dass sich aus den genannten diametral gegenüber stehenden Überzeugungen starke Kontroversen entwickeln.
Ein grundsätzliches Problem repräsentationaler Analysen besteht darin, dass sie sich auf die Annahme gründen, die Gegenstände unserer Wahrnehmung zeichneten sich durch rein objektive Eigenschaften aus, die nicht von unseren Sinneseindrücken abhängen. Das allerdings widerspricht den gängigen Annahmen der Philosophie wie zum Beispiel denen in Bezug auf Farben, die durchaus als abhängig von

---

[14] Vgl. Beckermann 2001, S. 414- 418.

Wahrnehmen und Wahrnehmenden verstanden werden. Der Repräsentationalismus kann also nur greifen, wenn Farben und auch andere Sinneseindrücke (die dann konsequenterweise nicht mehr als solche bezeichnet werden könnten) als rein objektive, physikalische Eigenschaften angesehen würden. Auch wenn also diese Position einen hilfreichen Eindruck in der Debatte um die Erklärungslücke macht, wird eine wesentliche Schwierigkeit ausgeklammert. Ganz offensichtlich findet sich in dieser Theorie kein Raum für den subjektiven Aspekt phänomenalen Erlebens. Dieser Bereich lässt sich weiterhin nicht objektiv darstellen oder bewerten. Hier wird er zu Gunsten einer Materialisierung des phänomenalen Bewusstseins aufgegeben.

5.2 Eliminativer Materialismus

Für die Anhänger des Eliminativen Materialismus ergibt sich das Dilemma der Erklärungslücke gar nicht, da sie alles Mentale für nicht existent halten. Die Vorstellung von Bewusstseinszuständen sehen die Eliminativen Materialisten als eine Verzerrung in der Darstellung der Realität an. Die „oberflächliche, konfuse und fehlerhafte Theorie"[15] der Alltagspsychologie oder „Folk Psychology" produziere die Vorstellung (oder eher noch den Glauben), dass mentale Zustände als kausal wirksam für menschliche Handlungen verstanden werden könnten. Die Eliminativen Materialsten verweisen auf die Unvereinbarkeit einer solchen Alltagspsychologie mit den exakten Naturwissenschaften und deren Erkenntnissen und fordern, erstere zu revidieren. In der Philosophie des Geistes haben sich besonders die beiden Churchlands durch ihre radikale Position des Eliminativen Materialismus hervor getan. Sie fordern, die Alltagspsychologie abzuschaffen, da diese Herangehensweise an die Phänomene der Welt stagnierend ist und zahlreiche Phänomene nicht erklären kann, wozu verschiedene Naturwissenschaften bereits in der Lage sind. Daher schließt Paul Churchland:

> „Wir sind gezwungen, zuzugestehen, dass die Alltagspsychologie explanatorisch in großem Stil versagt hat, dass sie wenigstens seit 2500 Jahren stagniert und dass ihre Grundbegriffe (soweit wir bisher wissen) mit den Grundbegriffen der physikalischen Hintergrundwissenschaft unvereinbar zu sein scheinen, deren langfristiger Anspruch, menschliches Verhalten zu erklären, kaum geleugnet werden kann. Jede Theorie, auf die diese Beschreibung zutrifft, sollte als ernsthafter Kandidat für eine vollständige Eliminierung gelten."[16]

---

[15] Pauen 2001, S. 94
[16] Churchland, Paul, zit. in: Beckermann 2000, S. 252.

Vertreter des Eliminativen Materialismus halten die Alltagspsychologie dafür verantwortlich, dass wir die Existenz mentaler Zustände annehmen, obwohl es solche in ihren Augen gar nicht gibt. Wenn die Alltagspsychologie durch eine exakte Theorie aus den Kognitionswissenschaften ersetzt wird, dann fallen die Überzeugungen von der Existenz mentaler Zustände weg. Wir werden dann davon ausgehen, dass unser Verhalten von neuronalen Prozessen bestimmt wird und nicht mehr von mentalen Zuständen wie Angst oder Wünsche. Auch bei Selbstzuschreibungen werden wir dann in der Lage sein, ausschließlich das Vokabular der Neurowissenschaften zu benutzen. Das heißt, die genannte Entwicklung muss mit einer Verwissenschaftlichung der verwendeten Terminologie einhergehen.

Welche Folgen hätte also der Eliminative Materialismus? Zunächst weist der Eliminative Materialismus Vorzüge auf, da durch die Theoretisierung des Forschungsgebietes ein bedeutender Wandel im Zugang zu unseren ehemals „mentalen" Zuständen stattfindet. Klar liegt der Vorteil auf der Hand, die schwierigen Probleme von Bewusstsein, Verhalten und Gehirn zu umgehen. Durch die Eliminierung der Alltagspsychologie und der mentalen Zustände, bleiben uns die kniffligen Fragen nach der Vereinbarkeit von psychologischen und physikalischen Beschreibungen oder von Ersten- und der Dritten-Person-Perspektive schlicht erspart.

Neben einer starken, intuitiven Ablehnung dieser These, schildern Gegner des Eliminativen Materialismus dessen Konsequenzen in einem dramatischen Szenario. Sie befürchten, dass das menschliche Sozialleben, das auf der Basis intentionaler Erklärungen aufgebaut ist, unverständlich werden würde, da es zum Beispiel keinen Unterschied mehr zwischen intentionalen und zufälligen Handlungen gebe. Jegliche Bewertung von Handlungen muss damit obsolet werden. Sprachlich würden sich große Unklarheiten und Verwirrungen ergeben und Wissenschaften, die sich mit dem Sozialverhalten und dem Innenleben der Menschen beschäftigen, würde der Boden der Daseinsberechtigung entzogen. Baker bezeichnet daher eine Realisierung des Eliminativen Materialismus als „kognitiven Selbstmord"[17].

---

[17] Zit. in: Beckermann 2000, S. 256.

13

Es gibt eine große Gruppe von Kritikern des Eliminativen Materialismus und der Argumente der beiden Churchlands. Ich werde ihre kritischen Einwände hier nur sehr grob umreißen, um eine ungefähre Übersicht über das Ausmaß der Debatte zu geben. Einige Philosophen (zum Beispiel Fondor) bezweifeln generell, dass die Alltagspsychologie so große Mängel aufweist, dass sie ersetzt werden muss, da sie sich vor allem auf dem Gebiet der Erklärung und Vorhersage menschlichen Verhaltens bewährt hat. Andere Kritiker halten es für mehr als unplausibel, dass die Alltagspsychologie und die mit ihr verwandten Wissenschaften, die sich einer ähnlichen Terminologie bedienen, in über 2000 Jahren keine Fortschritte gemacht haben sollen, was das Beispiel der Kognitionswissenschaften deutlich mache. Eine weitere Gruppe von Kritikern hält Churchlands Beurteilung der Alltagspsychologie als empirische Theorie für verfehlt. Sie bilde lediglich einen Bezugsrahmen in dem wir uns verstehen und in dem wir handeln können, dieser begründet sich auf den Begriff der Rationalität. Als nichtempirische Theorie könne die Alltagspsychologie also auch nicht mittels empirischer Einwände restlos widerlegt werden. Ganz abgesehen davon stellt es sich als unmöglich dar, sich ganz von ihr zu lösen, da sie aufs Engste mit unserem Selbstverständnis verbunden ist.

Der treffendste und bedeutendste Einwand gegen den Eliminativen Materialismus besagt, dass jener eine inkohärente Theorie darstellt. Das bedeutet zum einen, dass dadurch, dass der Eliminative Materialismus intentionale Zustände und damit die Bedeutung von Aussagen und Meinungen generell ablehnt, diese Position selbst keine Bedeutung hätte, wäre sie denn wahr. Würde der eliminative Materialist bestreiten, dass aus der Ablehnung intentionaler Zustände auch die Bedeutung gesagter Sätze eliminiert würde, müsste er zeigen, wie Bedeutung unabhängig von Intention bestehen kann. Es scheint unplausibel, anzunehmen, ein Satz könnte eine Bedeutung haben, obwohl der Eliminative Materialismus davon ausgeht, dass keine Meinungen formuliert werden.

6. Schlussbemerkungen

Die verschiedenen Ausführungen zur Erklärungslücke haben gezeigt, dass sich phänomenale Zustände durch objektive, naturwissenschaftliche Analysen nicht vollständig beschreiben lassen.

Vielleicht ist ein zu leichter und naiver Weg, aber mir erscheint es in Anbetracht der radikalen, definitiven Positionen sinnvoll, zu einem „Mittelweg" zu tendieren. Ich sehe keine Notwendigkeit darin, in diametral entgegen gesetzte Theorien zu verfallen und sich somit einen eventuell konstruktiveren, „dritten Weg" zu verstellen. Dieser könnte, ohne zu verfälschen oder einen trübenden Schleier vor die Realität zu hängen, alle Möglichkeiten für Erkenntnisse offen halten. Ich plädiere also dafür, in der Philosophie des Geistes und den Kognitionswissenschaften im jeweiligen Rahmen alle möglichen Ansätze zu verfolgen, so lange das bisherige „Unentschieden" besteht und nicht eine der genannten oder eine neue Theorie überragt und die anderen verdrängen kann. Das heißt, dass sowohl eine Balance zwischen dem qualitativen Erlebnisgehalt phänomenaler Zustände und den entsprechenden neuronalen Prozessen hergestellt sein muss, als auch zwischen philosophisch argumentativen und naturwissenschaftlich empirischen Theorien. Generell finde ich den zentralen Fokus auf gegenläufige Standpunkte stark limitierend.

Inhaltlich scheint mir in der philosophischen Debatte ein wesentlicher Bereich zur Unterstützung bei der Klärung der genannten Probleme ausgeklammert oder doch zumindest nur marginal vertreten zu sein, obwohl er in den Neurowissenschaften längst Beachtung findet. Ich bin überzeugt, dass der Komplex der Kreativität und daraus resultierend der Kunst einen deutlichen Erkenntniszuwachs liefern könnte, wenn er nicht nur Untersuchungsgegenstand der Neurowissenschaften wäre, sondern auch eine stärkere Beachtung in der Philosophie des Geistes fände.

7. Literaturverzeichnis

Beckermann, Ansgar. 2000. *Analytische Einführung in die Philosophie des Geistes*, 2. überarbeitete Auflage, Berlin [u.a.]: de Gruyter.

Beckermann, Ansgar. 1997. „Was macht Bewusstsein für Philosophen zum Problem?", *Logos* 4/1997, S. 1-19.

Beckermann, Ansgar. 2001. „Ist Bewusstsein reduktiv erklärbar?", in: Breuninger, Renate und Achim Stephan [Hg.]. 2001. *Geist und Welt*, Interdisziplinäre Schriftenreihe des Humboldt-Studienzentrums, Universität Ulm, S. 67-90.

Churchland, Patricia. 2005. „Brain wide shut?", in: *New Scientist*, 2947, 30.05.05, S. 46-49.

Esfeld, Michael. 2004. „Von der pragmatischen Theorie der Bedeutung zur Philosophie des Geistes", in: Fuhrmann, André und Erik Olsson [Hg.]. 2004. *Pragmatisch denken*, Frankfurt a.M.: Ontos-Verlag, S.147-168.

Jackson, Frank. 2006 (1982). „Epiphänomenale Qualia", in: Metzinger, Thomas [Hg.]. *Grundkurs Philosophie des Geistes. Phänomenales Bewusstsein*, Paderborn: mentis, S.83-97.

Levine, Joseph. 2006 (1983). „Materialismus und Qualia: Die explanatorische Lücke", Metzinger, Thomas [Hg.]. *Grundkurs Philosophie des Geistes. Phänomenales Bewusstsein*, Paderborn: mentis, S. 103-115.

Nagel, Thomas. 2006 (1974). „Wie ist es, eine Fledermaus zu sein?", in: Metzinger, Thomas [Hg.]. *Grundkurs Philosophie des Geistes. Phänomenales Bewusstsein*, Paderborn: mentis, S. 62-77.

Nagel, Thomas. 1979. *Mortal Questions*, Cambridge: Cambridge University Press.

Pauen, Michael. 2001. *Grundprobleme der Philosophie des Geistes. Eine Einführung*, Frankfurt: Fischer.

Tetens, Holm.1997. *Was macht es so schwierig, Bewusstsein naturalistisch zu erklären*, in: Wittgenstein Studies 1+2/1997, 10-1-97.TXT (Datei), online: http://sammelpunkt.philo.at:8080/archive/00000508/01/10-1-97.TXT (10. 05.2007).